自然　大生命の絵巻　1

五井昌久

著　者（1916～1980）

自然　大生命の絵巻　1

目次

春

夏

秋

冬

美

春

神秘の世界への感謝行

厳寒によくぞ耐えこしいのちなりしみじみ愛《かな》し庭の白梅

春は花の季節、その春のさきがけとして梅の花が咲く。寒風に耐え、冷霜に耐えて、梅の花のいのちは、一体どこにひそんでいたのであろう。

昨日までの枯枝から、こんなに可憐な美しい花片が一面に咲き出でるこの不思議さ。三月には桃の花が、四月には桜が、そしてその他種々様々な花々が、色も形もそれぞれに異なった姿で咲き競う。不思議といえばまことに不思議なことである。

この花々の美しさが、どんなにか人間世界をうるおしていてくれることか、思えば実にありがたい。

天地の和合で花が咲き実がなると同じように、宇宙大自然の営みの神秘不可思議さは、人間の智恵では計り知れるものではない。

この不可思議さを当然のことと思うような心では神のみ心のわかりよう筈もなく、

そんな頭では深い科学への道に到達することもない。

大自然のみ心は、花々に示されているように香ぐわしく美しく、大空に星々をちりばめてそのまま調和しているように、大ロマンの心でもあり、大調和の心でもある。

この不可思議な偉大なるみ力に対して、私たちは、ただただ頭を下げずにはいられないが、頭を下げぬ人間の多いことも、これまた一つの不思議である。その深い愚かさがである。

神秘不可思議な大自然のみ心を、敬虔《けいけん》な気持で受け入れて、素直に神の恩恵に感謝し得る生活のできる人程幸せな人はいない。その人は常に神のみ心に通い得ている人だからである。

感謝の想いも持たずに、ただ人間世界の幸福を築き上げようとしても、とてもとてもできるものではない。それは生命エネルギーの供給源に背を向けているのだし、宇宙法則の流れから外れているからである。

在りとしあらゆる存在に、宇宙の神秘を感じる心は、人間の神性を信ずる心である。花が咲くのも、鳥が飛ぶのも、人間がこうして生きているのも、それがなんの不思議もない、きまりきったことである、と考えているような人が多いようでは、この地球界の真実の進歩はあり得ない。

人間をこうして働かしめている生命の不可思議さ、智慧能力が自ずと湧きあがってくるこの神秘、こういう不可思議なる現象を、肉体人間に当然備わっている能力であるとして、かくあらしめている神秘力の根源である、神への感謝を忘れ果てているような人間の多い世界を、闇の世界というのである。この闇の世界を一日も早く光明世界にするために、私たちは神秘世界に心を昇華させて、神の大光明波動と一つになり、世界平和の祈りの宣布をしつづけていかなければならない。

春に寄せて

桜の花の咲き始めた公園のベンチで、若い母親が一人、赤児を抱いて坐っている。母親は恍惚として乳房を与え、赤児は無心に乳を吸う。母の中に菩薩が住み、赤児の中に仏が息吹く。青空は慈顔をますます和ませ、花片はいとおしそうに自分の心を匂わせる。そして大地は母親を己れになぞらえ、万物を育《はぐく》む大役に満足してひろびろと胸をひらく。こうした風景の一こまに私は自然と人間の調和を感じ、その調和の中に何気なく見えて奥深い神の愛を感じる。

神には理屈もなければ理論もない。神は只自己の大生命を徐々に宇宙全体に繰りひろげてゆくだけである。その動きの中に愛もあり、美もあり、真もある。

人間はその繰りひろげられてゆく大生命の一つ一つの生命《いのち》の線として、その大絵巻を各自分担して画きつづってゆくものである。

大生命が右に動けば、生命《いのち》の線も右に動けばよい。左に動けばそのまま左に動けばよい。大生命と小生命（いのちの線）とは不離一体であって離れることはできない。

大生命の動きのままに従わなければ、その小生命は傷つき、ねじれる。それが法則である。その法則に逆らって傷つきねじれたいのちの線が、次第に神から離れた形に見え出して来、遂にあまりに曲がりくねって、己れの光線の源を見ることができなくなってしまった。そこで大生命は、そのいのちの光を傷つきゆがんだ光線に強く放射した。その強く放射された光源を守護神という。

その光源（守護神）の強い光によって、次第に光線のゆがみがためなおってゆき、ゆがんだ光線によって画かれた絵巻の一筆一筆が、修正されてゆく。そして大生命の大絵巻を完成に近づけてゆく。ゆがんでは修正され、誤っては加筆されながら己れの生命線を立派な絵筆としてゆくことが、人間の為すべきことであり、なさねばならぬことである。すべての人間が立派に神の絵筆となり、守護霊、守護神の指導のままに各自の画面に神の意志を画き出してゆく時、天地一体、宇宙大調和の姿が、大絵巻として画き上ってゆくのである。

私たちは幼児の如く、無心に素直に守護霊、守護神の愛を信じ、神の大絵巻完成の一光線とならなければならない。

桜の花の咲き始めた公園のベンチで、若い母親が一人、赤児を抱いて坐っている。

母親は恍惚として乳房を与え、赤児は無心に乳を吸う。
こうした何気ない情景さえも、神の大絵巻の一こまである。

春に想う

三月というと、いよいよ花々の季節で、これからは庭がにわかに明るく美しくなってくる。いつでも好きな庭ではあるが、春の庭はことに好きな庭となる。

こういう好い季節に自然が向かっているのに、銀行強盗殺人事件や祖母殺しの嫌なニュースの後味が残っていて、まだこれからもこんな風な嫌な出来事がつづくのかも知れない、と新聞やテレビで毎日のように報じられていると、余程楽天的な人でないと、地球人類の運命をはかなむ気になってしまう。

マスコミの問題は常に悪い出来事の方が多く大きく報道されているので、善い出来事など殆どないように思わされてしまうが、善い出来事も、そちこちにはかなりあるものなのだが、マスコミが善い出来事の方をあまり取り上げようとしないのが不思議である。

こういう時代には、自分自身の心をいつでも明るく強くしておく必要がある。明るく強く、そうして美しくしておく為には、現象にむいている想いだけではとても足りない。現象を超えた神の世界を自分たちの世界に写し出すようにしなければいけない。

神の世界、言いかえれば理想の世界の様相を、今の地球人類は、画き出して生きてゆく必要があるのだ。現在の個々人の心や国や民族の心では、個人の幸福も、国際間の平和も出来上がりっこない。それはお互いが自分たち本位の幸福を願っていて、相手に自分の幸福を譲ろうとする気配が少しもないのだから、お互いが調和してゆくわけがない。

だからお互いの心を理想の世界、神の世界の平和な境地に昇華《しょうか》させておかなければならないわけだ。それは普通の心ではできないので、日々の祈りの行いの中でしてゆくようにすることなのである。その方法を私は祈りによる世界平和運動として人々に行じて貰っているのである。

そして改めて、世界平和の祈りの中から、春の庭を眺めると、自然の極みない美しさが身に沁みて感じてくるのである。自然は実に美しいものである。そしてその美しさを感じられる人間もまた美しいものである、と感じてくるのである。

花の心

四月は花の月である。種々様々な花が咲き競う月である。桜、かいどう、チューリップ、菫《すみれ》、たんぽぽ、れんげ草、こうならべたてると、きりのない程花の名が浮んでくる。天国というと、すぐに美しい花園が誰の心にも画かれる。全く天国と花園は切っても切れない関係をもっている。それ程に花の美しさは人々の心をうるおし、清めるのである。

花は美しい。私の知っている範囲では、花を嫌う人はいない。人は常に美しいものを求めているからだ。そして花は、手近かに容易《たやす》く求められる。

だがしかし、花にも負けぬ美しいものを、人間自身はもっている。それは愛の心であり、愛の現われた行動である。愛とは理屈でもなければ説法でもない。美そのものであり、調和そのものである。

愛を説きながら、愛にもとる行為をしたなら、それは醜である。そうした醜行為は、自分自身の本心を開いていないところから起る。肉体人間として現われている自己を、立派な人物にみせようとする虚栄心が、その人を真実の愛から踏みはずさせる。花にはみせかけがない。見せようとも見られようともせず、ただそのまま、自分のいのちを花咲かせているだけなのである。その自然な姿がなんともいえず美しい。

人間がすべて、いのちそのまま、本心そのままで、この世に生きていたら、どんなにこの世が美しい世になるであろうか、昔から宗教者がよくいう、赤子のように生きよ、という言葉は、こういう本心そのままの生き方をいうのである。

私は人間の裸の心が好きだ。自分の誤りや欠点をはっきり認めて、それを消えてゆく姿として、本心開発にいそしんでいる純真な心をみると、私は思わず、有難いなあ、と思う。

裸の心というのは、わざわざ自分の欠点や誤りをさらけ出して、俺はこれだけのものだとみせびらかす心ではない。それは偽悪者の心である。欠点や誤ちを、本心にはない消えてゆく姿だと思うところに、宗教の救いがあるのだ。

消えてゆく姿で、世界平和の祈り、という教の尊さは、計り知れなく深い、神の大慈愛のみ心なのである。人の心を責めず、自分の誤ちを責めず、すべて消えてゆく姿として、祈り心の中に入れきってしまう、大きな赦《ゆる》しは、今日の世には得難い救いの道なのである。

小さな幸福感を超《こ》えよう

私の乗っていた国電が、何かの都合で、橋の上で止まってしまった。窓の外は、西空の茜《あかね》色がしだいに色薄らいでゆこうと暮れなずむころであった。

やや離れたところに、新しい橋ができるらしく、工事の人らしい影がまだ二、三人動いている。近くの水面のさざ波は暮れ残った白い光の紋をきざみつづける。

川岸の家々の灯が一つ二つ三つ四つと灯りはじめて、人間の生活の息吹きが、国電の中の私の心にひびいてくる。

こうしたありふれた風景の中で、私は温かい自然の心と人の世のもの哀《かな》しさとを、同時に感じていた。春から夏にかかろうとしている夕暮れの自然の色は、人間の生活を柔かく抱きつつんでくれるような甘さを感じさせ、人の家の灯の色は、この世の生活の安らぎともみえるのだ。

大きな自然の中のほんの一部分の空と川と人の家とが、小さな調和を保って、私の視野からやがて、夕闇の中に融けこんでしまおうとしている。闇が深くなれば、その小さな調和は無に等しいものとなって、闇の中で消されてしまうのである。ただもの哀しい小さな灯だけが点々と、その調和の陰をわずかに残しているのである。私は若い時、詩人のはしくれだったので、こうした哀調ただよう人生をいとおしみ、庶民の幸せというものを探し求めた。

しかし、人生がもの哀しいものと思われ、自然の小さいいとおしみに甘えているようでは、この人生に真実の幸福のないことを悟らされていった。

そういう小さな幸福を求めているだけでは、人生の真実の幸福が永遠にこないことを知った。そうした小さな庶民的な幸福感、人生観のひろがりだけでこの世を終ってゆくには、人間の知性も直覚もずっと高く深いものでありすぎるのだ。

家々に灯《とも》る小さな灯にも安らぎはあるのだけれど、そんな小さな安らぎでこと足りるとしているようでは、人間がこの世に生をうけた価値がない。

人間がこの地球界に生命体として生かされているのは、個人個人のそうした小さな安らぎのためだけのものではない。甘哀しい幸福感のためでもない。宇宙大神のみ心をこの地球にはっきりと現わすために生きているのである。

そういう真理を知っていないと、つい自己本位の、他人の心を傷つけても、他国を侵かしてでも、自分たちの幸福をつかもうというような、いやしい想いを起こしてしまうのである。人間は神の子であり、この世もあの世も神のものであることを誰も知らなければならぬ時がやがてやってくるのである。

夏

青葉若葉の候

青葉若葉の輝やくこの頃になると、私はいつも芭蕉《ばしょう》を思い出す。“あらたふと”のあの句が今更のように胸にしみてくるからである。まいった、まいった、とその句の素晴らしさに参りきっている私なのである。芭蕉のことは、以前も書いているので、ここであらためて書こうと思わないが、たかが十七文字の中に万言をついやしても現わし得ない、天地自然の深い調和を表現しきっているのには、全く恐れ入ってしまうのである。

私も詩人、歌人のはしくれとして、長い間創作活動をしているが、芭蕉の句の素晴らしさにぶつかると、参ってしまうのである。

宗教的な詩や和歌の中には、芭蕉も入り込めぬ私の世界があるのだけれど、世間に通用するものとしては、芭蕉ほどの作品はない。一生の間に芭蕉の句に追いついてみたい気もするのである。そこで、一年程前から句作もしはじめてみたのである。

天地自然の調和の美は、今更詩や和歌に表現しなくとも、そのままで人の心を深めてくれるものであるが、詩や和歌に表現すると、その美がますます生きてくるから不思議である。

しかし、その詩や和歌も芭蕉のように、よほどすぐれたものでないと、かえって、その美を失なってしまう。詩や和歌のへたな作品は、その人の日記のかわりはよいけれど、他人に見せた場合、その人から自然の美をうすめてしまうことにもなりかねない。その点、芭蕉のような人が一人いて、よい作品を残してくれたことは、日本人にとって大きな幸せといわなければならない。それは、芭蕉のみではなく、菊池先生や、牧水《ぼくすい》、茂吉《もきち》等々の素晴らしい歌人の存在したことも同様である。

あらたふと青葉若葉の日の光、に代表されるような自然の美しさ、尊さを春夏秋冬味わえる人間というものはありがたいものである。

そういう人間が、食べる、着るというような本能だけを生活として生きているようだったら、生命を純粋に生きている動植物に劣ってしまうのである。

神様はご自分を、見るものと、見られる側との両面に分けてつくられ、人類を見る側の代表として存在させている。人類が山川草木という自然の姿をじっくり観賞し、味わってくれなければ、人類をつくった意味がはなはだしく減少する。神のみ心である愛と美と調和を、人間がよくよく味わい、自からも実行していってもらいたいと、神々は望んでいるのである。そういう意味で、真の芸術は尊いのである。

（註　菊池先生とは、菊池知勇といって短歌誌「ぬはり」社の主宰であり、五井先生のかつての文学の師である）

人間の責任

暁け方まで降っていた雨が止んで、新緑に残された幾粒もの水滴が、五月の陽光と快く調和し、銀色に光り、金色に輝き紫色の光を放つ。天界の美の片鱗が、庭先にうつし出されている朝のひととき、私の心は天地の恩寵を感じつつ和やかに佇む。

こうした小さな水滴の中にさえひそんでいる自然の美しさ、そしてそれを感ずる人間の美意識。

天と地と陽光《ひかり》と風と、雨と草木《くさき》と人間と、このようなすべての存在の中で、人間のみは美を感じ、醜を感ずる側にあり、その他のすべては、人間に美醜を感じさせる側にある。いかに自然が美しくあろうとも、観る側の人間が存在しなければその美は成り立たない。自然は観られるそのままに存在し、人間は観るも観ざるも己れの自由に任されたる存在として生きている。そして人間同士お互いの存在を観、聴き、その美醜、善悪を選択する自由をもっている。

この宇宙世界を創造した絶対者は、果たして重点を観る側（人間）と観られる側（自然）とのどちらに置いたのであろうか。私は観る側（人間）に重点を置かれたものと考える。何故なれば、観るということは、観る力が中に存在しなければ、観るという能力は生まれて来ない。観るということは意志と感覚との協同作用である。観られる側にはそれがない。絶対者（神）は観る力となって人間の内部に存在し、自己の創造した自然をみつめている。そして観られる側（自然）に働きかけている創造活動のひびきと、人間の内部における観る力、いのちのひびきとの調和によって生まれる美観を愉しんでいるものと思われる。

　この考えをもう一歩進めてゆくと、人間のためにすべての自然が存在するということになってくる。それほど重大な人間という存在が、真実の美意識を失いかけている。自然の中から美を見失い、最も共通なひびきをもっている人間お互い同士の間から神の理念《おもい》とは全く反対な憎しみと闘争という、生命《いのち》を削る醜悪なる事態を現出させつづけてきた。そして、それが恐怖を生み、悲しみを生み、今将《まさ》に自然そのものを崩壊させようとしている。私たちはここで改めて神の理念を想い起こさなければならない、美であり、大調和である神の大生命的存在を、そして大生命の分霊《わけみたま》である自分たちを。生命は調和の中に生き、不調和の中では死ぬのである。己れの生命を生かすものは誰か、己れの生命を損《そこ》なうものは誰か――

私は自己の生命を生かしきる人の一人でも多からんことを祈る者である。

人類進化のために

梅雨空を眺めながら、庭の木々が風に揺れているのを見ていると、風の心が陰鬱《いんうつ》で哀《かな》しげに感じられてくる。これが夏空の照りつける太陽の下では、さわやかな明るい心になって風の心も生き生きとしてくる。

人の心が風にうつるのか、風の心が人にうつるのか、人間の生活の中で、風の心の動きはかなりその影響力をもっている。その最もはっきりしているのは、台風である。台風は人間に恐怖を与え、人の生活を破壊する。

人間の心をより進化させようとする、大自然のみ心の一役を買って、風は働きつづける。しかし、人の生活を破壊するのは、風にとっては悲しいことなのである。

神のみ心は、常に人類の進化を願って働かれる。進化をつづけぬ限り、人類はいつかその存在価値を失ってしまうのである。人類は今、最大の進化の道を進んでいる。進化が大きければ大きい程、その苦しみは甚だしい。進化以前の過去の段階にあった、様々な癖や生活様式はすべて消し去り、捨て去らなければならない。その苦悩の中に今人類は立たされている。その消えてゆく姿が人類の表面に現われてきて、心ある人々が心を痛め、眉をしかめねばいられぬような、醜い愚かな事柄が世界中に充ちているのである。

地震も台風もあらゆる自然の現象は、すべて過去の未進化の人類の悪癖を消滅させ、浄め去るために、神々のみ心によってなされている現象なのである。そうした天災を逃れたいと思うならば、人類はそのような天変地異の起らぬ前に、自己の心を進化の法則に合わせておくべきなのである。

進化の法則とは、釈尊や老子やキリストがそれぞれの言葉は違えど、説きさとされているように、神のみ心と一つになることである。大宇宙、大自然すべてとの調和の心を、人間の心の第一とすべきである。雨にも、風にも、神々の人類進化のためのみ心が働いているのである。

雨降らば雨の心になりぬべし風吹かば風に融けて生くべし

私は世界平和の祈りの中で、すべてとの大調和を願っているのである。

たそがれから

夕陽が赫く燃え、茜雲がたなびいている時刻から、あたりが次第に薄紫になり、鼠紫になり、すっかり夜のとばりが降りきる迄の夏のたそがれ時は、人の心になんとはなくなつかしい思いを抱かせる。

一日の働きを終えた人々が、家路に帰るこの時刻は、母や妻が、かまどに火をたき、夕餉の支度に忙しい時でもある。

鶏の声や、小鳥の囀《さえず》りにむかえられて、太陽が輝きはじめる暁け方は、明るく勇ましい雰囲気をもつ、夜の憩いへの前奏曲であるたそがれは、夢幻的で人にもの思わせる色彩を持つ。

自然の動きに朝と夜、動と静とがあるように、人間にも朝と夜、動と静とがある。

少年期、青年期は、朝から昼であり、動である。壮年から老年にかけては、たそがれから夜にいたる静の期間である。

青少年はすべてのものを吸収し、これを即座に発表しないではいられない衝動を持つが、壮年になると、吸収したものを一度びは我がものとして収め、含味熟読する静の境地をもっている。そして、その後に動にうつって実行する。老年に至ると、実行の段になっても次第に静的になってゆく。

人間は、働きたい願望をもつと共に、憩いたい願いをもつ。朝を欲すると同じように夜をも待ち望む。

しかし壮年になることを望む青少年はいるが、老年になることを望む青少年は殆ど見かけられない。青少年の生命は、しばしの憩いを欲することはあっても、再び活動出来ぬような憩いに足を踏み入れることを欲しないであろう。

だが、朝が来れば必ず夜になるように、人間も老年のおとずれを逃れることはできない。

自然の法則では、夜から再び次の朝がめぐって来るが、人間には夜（老年）が終局点で新しい夜明けはない、とされている。しかし、それはただそのように見えるだけであって、人間も自然の法則と同じように、夜から再び朝になり昼になることができるのである。即ち人間の霊は永遠不滅のものであり、魂と肉体（魄）が生死の世界を輪廻し、転生してゆくのである。その魂魄の循環が、老人となり、再び少年となってゆくのである。

もし人間が善き行為の生涯を終えるならば、次の夜明けは輝かしい人生のスタートとなるであろう。

人間は今一度、たそがれの中で、夜の憩いの中で、次の夜明けのことをじっくり考え、老年への怕《おそ》れ、死への恐怖を超える心境にならなければならぬ。

つつじの花

側近の人たちが、「今庭はつゝじの花ざかりですよ。先生、庭にお出になれるとよいのですが」と今日も言う。

そう言われなくとも、庭に出てみたくて仕方のない私なのだが、何せ頭から足の先まで、業の波を受けて、痛みつづけているので、なか〱階下にも降りてゆけない。しかし、今朝は思い切って、庭に出てみた。まあ、何という庭の明るさなのだろう。眼にふれるところ、つゝじの紅と、草木の緑で、何とも言えぬ調和した美しさである。人間の世界にこうした植物がなかったら、どんなに淋しく、頼りなく、生きていることさえ、はかなくなってしまいそうである。そう思うと、つゝじの紅に庭木の緑に、心から頭を下げるのである。

人間にとって、何一つとして感謝せずにいられぬものはないのだが、人々はつい感謝の想いを忘れている。朝のめざめから、夜中の睡眠の二十四時間プラスアルファー人間は大きな力によって生かされている。その大きな力は、人間が生きてゆくために必要な全てのものを与えて、何くわぬ顔をしていられる。

　私たちは、その大きな力を神様と呼んでいる。つゝじの紅の中にも、草木の緑の中にも、小鳥のさえずりの中にも、大きくは青空の中にも大地の広がりの中にも、この大きな力は働きつづけておられる。この恩恵をだまって見過しているようでは、人間の前途は永くはない。

　人間の一日は、神様ありがとうございます、の一日である。私たちは、そうした神への感謝の心とともに、神のみ心でもあり、人類の悲願でもある地球の平和のために、世界平和の祈りを祈りつづけているのである。

松と毛虫

私の家の門の脇には、俗にいう見越の松というのが植わっている。植えてからもう拾七年にもなり、立派な大木になって、家の門を飾っていてくれる。しかしながら、私は毎日夜遅く帰えり、朝迎えの車に飛び乗って出掛けてしまうので、松の木があるということは勿論承知しながらも、改めて松を仰いで出掛けるということが少ない。

妻は妻で、リリーと呼ぶスピッツ犬が老衰してきたのと、昨年から家にきた、アイヌ犬の二歳になる美幌《みほろ》という猛犬の世話で、来客や電話で忙しい上にまた忙しくなり、小さな木や草花の変化には気づいても、これまた松の身の上まで眼がとどかなくなっていた。ところが、お恥ずかしいことながら、近所の人の注意で、はじめて、松の木が毛虫の大群にむしばまれて危機に瀕《ひん》していることを知った。私たちはびっくりして、人に頼んで毎日毛虫取りをはじめ、どうやら松の生命は長らえそうになってきているのだが、私たちは、折角私たちのために門を飾って、私たちの心を楽しませようとしてくれていた松の木に対して、私たちの心なさが申し訳けなくて、毎日松さんにお詫びしながらお祈りしているのだが、ここで今更のように改めて考えさせられることがあったのである。

それは、松の木は松の木で、自己の天命を完うさせることが、なんにしても一番大事なことであるのだが、この松の木をむしばんでいた毛虫のほうのことである。毛虫は毛虫で自己の身を守るために、松の葉と同じような保護色をしていて、毛虫取りの人の眼から逃がれようとしているのである。毛虫がしているというより、毛虫をこの世に存在させている、自然の力が、毛虫の生命を保護して生かそうとしているのである。自然の力は、松の木も毛虫も共に生かそうとして働いているのである。人間にとっては、松の木は必要であるが、毛虫は必要のない存在なのである。毛虫のように嫌われる、という形容があるように、毛虫は人間にとって嫌われものである。

しかし、人間にとっての嫌われものの毛虫を自然の力は生かそうとしているのである。こうして人類にしては矛盾したような事柄がこの世には非常に多い。果して神のみ心は奈辺《なへん》にありや、といいたいところである。だが、私はこの矛盾《むじゅん》を、自然《じねん》に受けることにした。毛虫には毛虫の生かさるるべき天命があるに違いない。毛虫ばかりではない。蟻でも蚊でも、人類にとって不都合なすべての生物や事件事柄も、すべて、神のみ心が真っすぐにこの地球界に現われて、この世が神の世となるための、一つの現れであるのだ。だから、すべてを神のみ心を離れていた人類の過去世からの、誤った想念行為の消えてゆく姿として、消えてゆくにしたがって、すべてが真実調和した世界になってゆくのだ、と私は説いているのである。そこで私たちは、すべての生物の天命の完うされることを祈り、すべての不調和、不合理が一日も早く消え去り、真実の神の世が実現するように、と祈りつづけることが必要なのである。

ところで、正義の心の強い人ほど、この世の矛盾に憤りを感じ、静かに祈っているような心の余裕がなく、何やかと主義運動に走ったりするのであるが、この世の矛盾は矛盾のように見えていて、大きな眼からみたら、実は矛盾ではないことを、私は霊覚で知っている。だから私たちは、世界平和の祈りを根本にして、こうした矛盾したように見える世の姿を消し去ってゆきたいと思っているのである。

ちなみに十七年間も無事であった松の木に、急に毛虫が増えたことは、様々な公害で、鶯や尾長鳥までいた我が庭に、雀までがほとんどいなくなってしまったので毛虫はそれらの小鳥に喰われてしまうことがなくなり、急に増え出したというわけである。人類があまりにも自分たちの目先の都合だけを考えて、大自然の総体的な姿を考えずに、事を運んでいる利己主義の結果が、大自然のバランスを崩して、かえって人類の不為となってかえっているのである。皆で考えるべきことである。

蠅や蚊がいることでも、人間の生活の不潔さを改善させるために現われているかも知れない。人間の周囲を清潔にすれば、忽ち蠅や蚊が生まれてこないことは事実だからである。

ともあれ、私も妻も、その日、松の木の天命を祈り、毛虫の天命を祈って、祈りを根本にした生活以外に、この世の矛盾を解決する方法のないことを、深く思っていたのである。

秋

秋風

風には色がある。春の色、夏の色、秋の色、冬の色。

季節が風を運ぶのか、風が季節を運ぶのか、ばらが咲き、百合が咲き、ダリヤが咲き、そして、吹く風ごとに散っていった。

今、秋風の庭に萩とコスモスが咲いている。萩もコスモスも秋風の中に咲くにふさわしい色である。

夏の暖気にゆるんだ人間の頭脳に、秋風は澄んだ色を浸透させ、冷静な思索を要求する。そして秋風は人間すべてを詩人にし、哲学者にする。

秋風が吹きはじめると、人間は急に先のことを考え出す。冬のこと、正月のこと、はては老い先のこと、秋風は、どうしても人間にものを想わせる。

人間の心は不思議なもので、引き出せば中から種々なものが出てくる。うかつに生活《くら》していれば、自己から出て来たものごと、事柄を、何も役立てずに過ごしてしまうが、ひとこと、ひとことに心をこめていれば、ひき出されてきたもの、すべてが己れを立派にするに役立ち、生命を真実に生かしてくれる。

秋風は、冬の来るを警告し、人間に晩年のあることを悟らせようとする。

金に追われ、仕事に追われ、何かに追われつづけて生きている人間たちに、秋風は自己をみつめよと警告する。

自己をみつめることなく生きている人間程、みじめな者はいない。彼等は自分たちにとって、何一つ真実のことを知ることなく、この世の幕を閉じてゆかねばならぬからだ。

季節に春夏秋冬があるように、人間にも春夏秋冬があるのである。

春を無駄にした者は、夏に伸び得ず、夏を無為に過ごした者は秋に育ち得ず、秋に思索し得ざりし者は、冬の晩年を真実に生き得ない。

私は、秋風さやぐ庭に佇って、澄み極まった天空を仰いでいた。

天と地と、そして、それを貫いて生きる人間という存在。その存在は神の生命の中で、最も偉大なる存在であることを、私は秋風のささやきの中で、再び強く確認した。

無心の美

秋風の色は白いという。その秋風に心をさらして、雨ならぬ朝々を、きまったように暫らくは庭に佇っている私なのだが、もう終りに近い庭の草花類に眸をとめていると、毎年同じようにくりかえされている自然の動きが想われ、そうした自然の動きの中に、毎年変化してゆく人間界の、烈しい動きが、対照的に浮きあがってくる。草花の種類は様々であるが、彼らは定められた期間を、自然のままに純粋に、そのいのちを生かし切り、そのままに散ってゆく。彼らは自然に開かれるままに花開き、そして散ってゆく。

咲き競う花々、という形容詞があるが、彼ら自身が咲き競っているのではなく、人間が勝手に咲き競わせているのである。花のいのちは咲き競う想いもなければ、散り急ぐ心もない。ただ純粋で無心な生命の動きがあるだけなのである。

純粋に真実を求める人間なら、無心に咲いている花の姿をみて、その純粋ないのちの美しさに打たれぬものはあるまい。花はその生命の無心さ、純粋さの故に美しいのである。赤児の美しさもそれに等しい。

いのちそのままが純粋に開いている、純粋に生きている時の美しさは、神をそこに見る気がする。大芸術家のみせる美は、その極端な例であるが、人間の誰でもが、そうした美しさを瞬間的に見せることがあるものである。

人間のいのちは、生かされているそのままを生ききれば、いかなる自然の産物よりも美しいひびきを宇宙に奏でるものであるが、自然のいのちを無心に純粋にひびかせる人は実《まこと》に少い。

こうした人間になるためには、欲望を少くし、或いは捨て去らねばならぬ。自己の欲望にしがみついていては、草花に数段劣る者といわなければならない。

人間界における権謀術策がもたらす烈しい動き、そのような動きは、業想念の儚い動きであって、一つの花の瞬間的美しさにも及ばない。

いかに表面的動きが少いように見えようとも、いのちそのままを純粋に生きる人間こそ神のみいのちを、この地上界にうつし出す、重要なる存在者であることを、私は改めて思うのである。

人間の自由と天変地異

蝉《せみ》時雨《しぐれ》の時もあっという間に過ぎてしまって、台風シーズンともいうべき九月の声を聞くと、暑さにうだっていたような人の心が、なんとはなく、すっきりとひきしまってくる。

季節の変化は人の心にも生活にも、大きな影響をもっているが、日本の季節としては、九月十月の季節が、台風の禍いさえなければ、最も快適な働きやすい季節ではないかと思う。ところが、このよい季節であるべき九月十月が、毎年のごとく、台風の災禍で乱されてしまうのは実に惜しい気がするのである。

一朝にして豊作を潰滅し人間を傷つけてゆく台風の足跡を、人間はただ呆然と見送るばかりで、なかなか台風襲来を防ぐまでに智恵や力がまわりかねているのが、現在の日本の状態であるが、これは、政治力によって幾分でも災禍を少くすることはできるのである。しかし、それよりもっと大事な問題は、台風をはじめ天変地異というものが、どうして起るかということを知ることなのである。

天変地異はどうにも人為の致し方ないものである、というのが一般の常識になっているのだが、私はこの世のすべての出来事は、そのすべてが、人為でどうにでも為し得るものと思っている。

この地球世界の出来事は、すべて地球に住む人間の責任であって、人間以外の何者の責任でもない。人間の権利を主張し、自由を主張する限りは、すべての出来事を人間の責任として、人為では致し方がないなどという、逃げ口上はいえないものである。人間が自分たちの権利だけは主張し、義務責任は逃れようとしている間は、この人間世界は、真の自由を自分たちのものとすることはできない。天変地異はすべて人間の想念行為の誤りの消えてゆく姿として起るものであるので、天変地異は人為のいかんとも為し得ぬところと、一方で責任をのがれていながら、人間の自由は確保さるべきものだといっても、そんな自由は天変地異の前に何の力ももたないタワ言の自由でしかない。

人間が真に生命の自由を得ようと欲っするならば、天変地異さえも、自分たちの責任として、天変地異を起さぬような、神のみ心にかなった想念所業で、この世の生活をしていかなければならないのである。

天変地異さえも自由に消滅し得る程の力にならなければ、永劫に人間世界に真の幸福も自由も訪れないのであるのだから、人間の心に、争いの想いや妬み恨みの想いがあるようでは、やがては戦争か天変地異の前に地球人類は潰滅してしまわなければならない。

私は、天変地異さえも自分たちの責任と感じる人たちが世界の指導者として起ち上って、真実の自由とは、その想いが、常に神のみ心の現れである、世界平和、大調和の中に融けこんでいなければならぬものであることを、全人類に教える程でなければならない、と思っている。

人間世界の出来事は、すべて人類自身の想念所業によって起ってくるものであるのだから、その想念所業を、愛と美と真との神のみ心と等しいものにしてゆけば、神の国そのままの完全円満な、少しの禍いも起らない地球世界になることは疑う余地のないことだと信じている。

その最もやさしい方法として、私は世界平和の祈りを根底にした生活方法を提唱し実践しているものなのである。

台風によせて

空がどんよりと曇りはじめ、湿った生温かい風が次第に風速を加え、大粒の雨が横なぎに強く地面を叩きはじめると、人間の心はなんともいえぬ重い恐怖感に覆われてくる。

秋になると、必ず日本を通過してゆく、台風○号、○○号。

今年は七月下旬から、さきがけの豆台風が、近畿地方から各地を襲った。幸いに被害は少いようであったが、七月から十月頃まで、台風襲来の恐怖で日を送るのではたまらない。

たまらないといえば、この世の中には、たまらないことがなかなかに多いのだが、このたまらないことを、消えてゆく姿として、世界平和の祈りの中に入れてしまうのが、私の教えなのである。

台風によって起る被害などは、実際目を蔽うものがあるが、台風一過の青空に激励され、被害者たちは、勇気を振い起して立ちあがる。全く人間の力というものは大したもので、打たれても叩かれても、起ちあがる気力がどこからか湧きあがってきて、かえってその以前より素晴しい復興を成し遂げる。

実際問題としては、災難という災難は一切ない方がよいにきまっているのだけれど、その災難を、マイナスにしてしまうか、かえってプラスにしてゆくかは、その人々の気力の持ち方によるのである。

倒れても倒れても起ち上がり得る気力をもっている人は、何事にも必ず大成する。ところが生来の弱気の人もある。何か事が起るたびに心が萎《しな》びてしまって、だんだん衰えてしまう。そうした気力の弱い人でも、勇気のある人と同じように、強く生きられる方法が一つある。

それは、たゆみない神とのつながりである。いわゆる祈り一念の生活がそれである。祈りにつぐ祈りの生活こそ、弱者をも強者に変え得る唯一の方法なのである。

私はそれを、世界平和の祈りにまで高めて、すべての誤った想念行為、あらゆる災害を、自他の罪にせずに、過去世からの因縁の消えてゆく姿として、そうした想念をすべてもったまゝでよいから、世界人類の平安を祈る、世界平和の祈りの中に入れきる、日常生活をすゝめているのである。

台風も実は、人類や国家のもっている、過去世からの業想念の消えてゆく姿として起るのである。私は台風の影響で、風雨に荒れている庭をみつめながら、その底に限りなく広い青空を想い出しながら、神と人間とのつながりを楽しんでいるのである。

冬

冬の鯉

木枯吹きすさぶ厳冬の時季ともなると、平和の祈りの光の波の中で生きている、聖ヶ丘道場脇の池の鯉も、流石《さすが》に滅多に水の面に顔を出さず、大きな岩の陰に身をひそめている。

時折り私がいって、掌をかざすと、特別な光の波動を感ずるのであろう、岩陰から次々とその姿を現わし、口をぱく〳〵させながら水面に顔を出してきたりする。鯉は冬のうちは、殆んど餌も食べずに、岩陰にひそんでいるようで、姿を現わしても、睡ってでもいるように、水に漂っている状態である。

暫く私の掌から光を放射させて、私は池の側を離れてゆくのだが、生き物は鯉によらず、小鳥によらず、犬猫によらず、愛らしいものである。

朝な朝な部屋の窓を叩いて、私を起しにくる小鳥の声の愛らしさ。この人は自分に食事をくれるにきまっていると信じきって、しきりに大声を挙げて、食事を催促する本来は野良ちゃんである猫の親子兄妹。

用事の無い時は、自分と遊んでくれるのが当然であるというように、吠え立てる、アイヌ犬、美幌号。危うく保健所行きで生命のなかった捨て犬ハッピー嬢の、今は処を得たというように構えて、睨《にら》みをきかす玄関番ぶり。

こういう愛らしい生き物より更に大事な生き物は、人間様である筈なのだが、この生き物、近頃次第に愛らしさを失ってゆく。神様からごらんになったら、鼻持ちならぬ小生意気な態度で、自分たちの権利や主張だけを言い張って、人類全体の調和など、そっちのけにしてしまっている、個人と国家民族。

神様が愛したくとも愛せなくなってしまいそうな人類の態度は、神様のみ心に少しでも近よっている人間からみたら、危っかしくて仕方がない。自分たちの掘った墓穴に、自分たちで飛びこんでしまいそうな状態なのである。

人類はもう一度、動物や植物のように、生かされたいのちのままに、素直に生かして下さっている大きな力にすがって、自分たちの世界を建て直さなければいけない。神様からみて、愛らしい人間にもう一度立ちかえらなければいけないのだ。そのためにも日々の世界平和の祈りの宣布が大切である、と私は思っているのである。

人間の誕生

十一月は私の生まれた月である。

澄みきった碧空が、日毎に冷えまさってくる大気にひき緊って、次第に厳しい色をしめし、地上には百花の、この年最後を飾る菊の花が、けんらんと咲き盛る十一月は、私の誕生の日があることをも加えて、私の好きな月である。

生まれるということは、実に不思議なことである。私がこの十一月の月に、日本の国土に男子として生まれてきたということの理由も意義も、その時は誰にも判りはしない。母親の体内に入る前に、何処にどうして何をしていたかも判りはしない。誰も彼もがそうである。

この人生は、こうした摩訶不思議《まかふしぎ》な事態からはじまる。

草木が天地の恩恵によって生長し、花が自然に開くように、母親の体内で赤児は自然に育ち、やがて生まれ、そして成長してゆく。

こうした不思議さを、一般の人はなんでもなくあたりまえに見過ごしてしまう。赤児を母の体内に宿し、そしてはぐくんでゆく原動力は一体何処から来ているのか、その赤児のいのちは、赤児以前には何処で何をしていたのであろう。

そうした疑問に逢着すると、人間は黙さざるを得なくなる。自力ともがく、そのもがきがおかしなものになってくる。自分で生きているのではない。何か大きな力に生かされているのだ、と判ってくる。そうして、どうしてもその大きな力（神）に謙虚にならざるを得なくなる。その謙虚を根底にして、ああ、こうして生かされているいのちを無為に粗末につかってはいけない、と感じてくる。生かされているいのちを、大切に有効に生かし切ってゆくことに真剣になりはじめる。

私もあなたもあの人も、みんな同じ大きな力（神）によって生かされているのだ。お互いに生かし合い、生かされ合って神のみ心にお応えしなければならぬ、と思わずにはいられなくなってくる。そこにお互いの生命を礼拝し、愛し合う人間の尊貴さが現われてくる。人間のいのちは尊い。人間の生活は尊い。神の大生命《いのち》をこの地上界に華咲かせ稔らせる人間の尊貴さ。私はこの尊貴さを一人でも多くの人たちが認識して、生活して頂けることを祈って止まないものである。

一歩一歩の歩みの中で

寒風膚《はだ》をさす峻烈《しゆんれつ》な大気《たいき》は、人の魂をきりりとひきしめさせて、私は好きである。春の季節は、勿論好ましい季節だが、この厳冬の膚をさす寒風は、魂をよみがえらせるようなひびきをもっている。

昔私は、健脚《けんきやく》をほこっていたので、たいがいの道のりは、車にも乗らず、歩きつづけたものである。春は花々を賞《め》で、冬は、魂をきりりとひきしめて、自然にとけきって歩いていたものである。実に歩くことは、いいことである。現在のように地球の業の浄化のために、昱修庵《いくしゆうあん》を一歩も出られず、祈りつづけていると、そうして歩いていた頃がなつかしい。

この浄化のための祈りが終ったら、又再び歩いて歩いて歩きまくりたいものである。

天は父、大地は母、天の父を仰ぎ、大地の母をふみしめていると、天地の恩をひしひしと身に感じてくる。老子さんがいっておられたが、大地の歩みの一歩一歩を、おろそかにしてはならない。一歩一歩の歩みに、感謝をこめて歩くのだ。という言葉が今でも私の心の奥底でひびいている。急ぎの用や、遠い所は勿論車を使ってよいが、人間は歩くことの大切さをわすれてはならない。

祈りということでも、ただ座って祈らなければならないということではない。一歩一歩の歩みの中で、世界平和の祈りが、なりひびいているようになることが望ましい。

天に和し、地に和し、山川草木《さんせんそうもく》、鳥獣《ちょうじゅう》に融合しているのが世界平和の祈りである。人間の生活の中では、よほど立派な人でも、すべてに和して生きていくことはむずかしい。そのおぎないを、世界平和の祈りがつけてくれるのである。

世界平和の祈りは、救世《きゅうせ》の大光明と、守護の神霊と、肉体人間の一体化によって、なりひびいている祈りである。だから、肉体人間のたらざるところは、神霊方が、すべておぎなって下さるのである。座って祈り、歩いて祈り、仕事をしながらも、その祈りの中で、生活できるのが、世界平和の祈りなのである。自分の環境や立場にこだわらず、空気を呼吸するように、世界平和の祈りを祈っていこう。

冬から春へ

猛吹雪で列車が立ち往生してしまうニュースがつづいた、今年の冬の寒さは、東京でも毎日のように氷点下の日を迎えて、庭には毎朝霜柱が立ち、台所の水道が凍りついて、久し振りの厳冬であった。

しかしながら、この厳冬の辛さは、何月もつづくわけではなく、三月に入れば、ほっと一息という温かさになってくる。

私の故郷は越後なので、積雪が二階の屋根と平行していて、歩みを運ぶのが、なんとも愉快だった少年の頃の記憶をもっている。きびしい寒さは辛いには違いがないが、その辛さがあるために、かえってなんともいえぬ喜びを感じることが度々ある。こたつに温たまって読書したり執筆したりする楽しみは、冬でなくてはの楽しみがあり、暖房の部屋で、一家そろって温かいものを喰べながら、談笑することなども他の季節では味わえぬ味がある。

また、厳冬の終り近くなって、目の前に近づいてくる春を待つ気持も、冬の厳しい辛さがあっての楽しみなのである。

人生はすべて、こうした季節のうつりかわりのようなもので、辛さ悲しさというものを深く味わっている人ほど、その喜びも深いものであるのだ。

寒い街中を歩いていても、寒さを恐れず、体を真すぐにし、胸を張って歩いていると、かえって寒風が快く感じてくるもので、首をすくめ胸をせばめて歩きだすと、どうにもやりきれない寒さを感じるものである。

人間というものは、恐れるという想いをもつことによって、自己の生活を不自由にし、様々な苦悩を導き出してしまうものなのである。

冬の後には必ず春が来ると同じように、人生における悲哀も不幸も、やがては、すべて喜びに変わることがあるのである。

小さくは個人の、大きくは人類のすべての不幸や争いごとも、時が来れば、自然に、大調和な状態に統合されてゆくのであるが、現在の業波《カルマ》動に踊らされている人間の心には、その真理がわからない。

そのわからない想いを業想念というのだが、その業想念は、神の大愛を信じ、すべてが神のみ心に生かされているのである、という想いに自己をむけてゆけば、自然と消え去ってゆき、いつか真理の道がひらけてくるのである。

青空の心

枝繁《えだしげ》き松《まつ》の天《てん》なる空澄《そらす》めり潮鳴《しおな》りとうとうと我《わ》が胸《むね》にする

かつてこのような歌を作ったが、澄みきった天を眺めていると、人間はこの青空のように、いつも澄んでいなければいけない、とつくづく思うのである。

このように澄みきった清らかな大らかな、人間の本心を覆うものは何かというと、感情想念《かんじょうそうねん》である。この感情想念を巧みに制御《せいぎょ》出来れば、人間は素晴しい神の子の姿を自《おの》ずとそこに現わすのである。

悲しみ、苦しみ、喜び、痛み、そういう喜怒哀楽を感情想念といい、この感情想念がこの三界、業生《ごうしょう》の世界の運命を作っているのである。これを業想念《ごうそうねん》というのである。この業想念を超えるためにはどうしたらいいか。感情想念をもったままでいいから、祈りに入ってしまうのである。じーっと本心の中に想いを入れてゆくのである。いわゆる鎮魂《ちんこん》してゆくと、本心の奥にある神のみ心がずーっと表面の心に伝わってくる。それが祈りなのである。

祈りの中で一番いいことは、世界人類が平和でありますように、という深い大きい愛の心が凝縮《ぎょうしゅく》した言葉である。

毎日毎日、怒りの想い、妬みの想い、淋しい悲しい想いなどがくるその時に、神さま有難うございます、守護霊さま守護神さま有難うございます、世界人類が平和でありますように、とひたむきに世界平和の祈りの中に入ってゆけばいいのである。法然《ほうねん》、親鸞《しんらん》が念仏《ねんぶつ》一辺倒で、なんでもかでもすべてを南無阿弥陀仏《なむあみだぶつ》の中に入れたと同じように、すべての感情想念を、世界人類が平和でありますように、守護霊さま守護神さま有難うございます、と感謝と祈りの中へ入れきってしまうのである。

そうするともろもろの感情想念は次第に薄らぎ光に昇華《しょうか》して、青空のように澄みきった心になるのである。

いつも心が澄みきっていて把われがない、いつもさわやかで愛に充ちている、そういう心境を自分のものにすることが宗教の極意なのである。現象利益があるのは勿論有難いことであるけれども、それはほんの枝葉のことである。

今日も明日も青空の心を心として、祈りに祈りつづけ、守護霊守護神に感謝しつづけていくことである。神さまは必ずあなた方を守りつづけて下さるし、あなた方は神さまと一体になって、誰に何をいわれなくとも神の子の、爽《さわ》やかに澄みきった日常生活が送れるようになるのである。

美

夕陽によせて

夕陽《ひ》の色にとけて死なむという人をかなしみみつつ河原をゆく
白梅の花匂はせて暮れなづむ夜空は我れを君にとけしむ

こんな相聞歌を昔詠《よ》んだことがあったが、夕陽が今まさに空の彼方に入ろうとして、周囲の白雲を茜《あかね》色に染めている風景は、誰でも常に見かける平凡な風景でありながら、なんとはなく心に沁みるものである。あの夕陽の沈む空の彼方には一体どんなところがあるのであろう。あゝあの赫々と燃える夕陽にとけこんで自分も空の彼方に行ってしまいたい。こんな気持は恋する乙女でなくとも、青少年の心の中には一様にひそんでいる感情である。

そして、しだいに暮れてゆく夜空の中には、深い神秘が隠されているように思われてくる。そんな感傷にひたることは馬鹿馬鹿しい、と思う感情は、夢の枯れた大人の感情であって、柔軟に伸びゆこうとする者の心ではない。

すべての感傷を捨て去るのが、宗教の根本の在り方ではあるが、そうした感傷精神が、しだいに大きなロマンチシズムやヒューマニズムに発展して、神と人間との関係や、神の深い愛に触れ得る機会を得させることになる可能性が大いにある。

私はそうした心の経路をたどって今日になっているような気がする。形ある世界にだけ眼をとめて、形なき世界にまで、想いを飛びこませない教育方法は、人生に詩もなく、味もない人々を育てあげるばかりでなく、神秘に対する憧憬の心をなくさせてしまうものである。神秘に対する憧憬を失った人程、無味乾燥なものはない。

太陽はこうした元素とこうした要素でできている、というように、すべてを科学的に割り切ろうとし、割り切れぬ答に対しても、神秘を少しも感じない人間の多いことは、この人生をいかにつまらぬものにしているか計り知れない。

昼の太陽と青空に、清しい勇気を鼓舞され、夕陽と茜雲に憩いへの感謝の想いを捧げ得る人々は幸せである。その人々は、すでに神の愛と恩寵を感じている人だからである。

神秘に対する感謝、神秘に対する憧憬、神秘に対する謙虚なる探究。そうした生き方のできうる人々は、地をつぐ人々である。神のみ心を地上に顕現しうる人々である。

それはひからびた現実主義からは来ず、夢をもつ、ロマンチシズムからくるものであろう。私はいたずらな感傷主義を称えるのではないが、深いロマンチシズムに発展してゆく一段階として、或る種の感傷的想念が必要であることを認めているのである。

日の出　日の入り

人間の生活にとって、大事なものはたくさんあるが、太陽はその最も大事なものの一つである、というより、最大のものである、といってもよい。

太陽がなくては、この地球界の生物は生きてゆくことができない、というそういう根本のことを除いて考えても、太陽は人間にとってなくてはならないものである。

私たちは暁の祈りを時折りしているが、暗い空が少しづつ明るんできて、太陽がその顔をみせはじめる時の爽快さ、美しさは、口ではちょっといい現わせない天与《てんよ》のものである。

そして、夕日の沈む時の空の美しさは、また格別なもので、日の出の輝やく美しさと違って、人の魂を休ませる、穏《おだ》やかな愛のひびきを感じさせる。

先年、アメリカ東北部の、ある村でみた夕日の沈むさまは、今でも瞼に浮んでくる。北側の山脈《やまなみ》が濃い茶紫《ちゃむらさき》にかげって、東西に伸びた広い広い道の西の空が、いつまでも夕日にいろどられているさまは、ミレーの晩鐘《ばんしょう》をみるようで、日本の都会に住んでいる私たちが、見ることのできない雄大なロマンなのである。

日の出、日の入りのさまはともかく、太陽に対する人間の心は、感謝そのものでしかない。おてんとうさまありがとうございます、と昔のお百姓さんが太陽を礼拝していたように、私たちも改めて、太陽にまともに感謝する生活をしてゆく必要がある。それと同時に大地に感謝し、空気や水に感謝する、感謝の心を深めてゆくことが大事である。

宗教の道に入って、神界がどう、霊界がどう、ということを知ることも大切ではあるが、最も根本の生き方である、物事事柄に感謝する生活を、改めて自分のものにしてゆくことが必要なのである。宗教の道は本来、素朴純情《そぼくじゅんじょう》の道で、理屈で入ってゆく道ではない。何もの何ごとに対しても感謝できるようになったら、その人は悟りを開いた人というべきなので、理論的にだけわかったからといって、その人の悟りが高められたといえない。要はその人の行為がいかに、神のみ心に近くなっているかということが大事なのである。

天地の恩

個性なき歩みか群《む》るる人自動車《くるま》 銀座は天《そら》を失わんとする

　以前にこんな歌をつくったことがあったが、人間の知識が進み文明開化の今日になると、徳川時代とは全く別世界のように、生活が便利になり、どこへ行くにも、電車、自動車、はては飛行機にまで進展してすべてが非常にスピード化してきた。とともに組織化してもきた。

　これは一面において、昔のように労力を費《つい》やさず、自己の便宜がはかれる生活状態になってきたことで、実に結構なことではあるが、この歌にもあるように、人間の生活が劃一化され、個性的変化に乏しく、一歩一歩の歩みにも、味わい深いものをなくしていくかに見える。

　高い建築物と、相次ぎ行交う自動車、ひびき合う騒音、人間はこうした中を、天《そら》の美しさを見失い、大地の広《ひろ》らかさを忘れて、押し流されている。

　人間の築き出した生活の中に、自然は次第に置き忘れられていく。

　天空に流れている自然の生命、大地に溢れている自然の慈味、そうした自然の生命が、人間生命の中に、流れ来り、融《と》け入り、そして、一個の人間の深い味わいとなっていることを、文明開花の社会生活は、いつしか、人間から忘れさらせようとしている。天空は、晴雨というそれだけのためにあるのではない。大地は農民のためにだけあるのではない。天地は全人類のために一瞬も欠くことのできない絶対なる存在である。

天候に感謝しても、天空そのものに感謝する人は少い。まして、農民を除いて、日々大地に感謝して生きている人がどれ程いるであろうか。天地なくして我々は生存することができない。暴風雨、天変を恐れるより天に感謝することである。地震を恐れるよりも先きに、大地の恩に感謝せねばならない。

人間は何よりも先きに、天地自然の大恩に感謝し、父母に感謝し、自分に触れるすべての人々、事物に感謝すべきである。

そうした想いを根底にして、はじめて、文明開化の様々の恩恵が、真実の姿として生活に生きてくるのである。

神仏への信仰は、こうした心構えが、その最初の出発点であり、最後の帰着点でもある。

神への郷愁

あら尊と青葉若葉の陽《ひ》の光

芭蕉のこの句が昔の国民歌謡のメロディーにのって、私の脳裡に浮んでくる。花のとぼしい私の狭庭《さにわ》を飾ってくれるものは、青葉緑葉の柔らかな色彩である。木々の青葉と草生の緑葉ほど、私たちの心を安らかに穏やかにしてくれ、慰めてくれるものはない。文明文化が進んでくればくる程、自然のままの姿が消されてゆき、ひらけた都会程、こうした青葉若葉をみることが少なく、いつしか自然の心から離れてゆくものであるが、その自然の心の美しさをわずかに狭庭の草木に見出して、都会の人々は朝夕を自然に接した心持ちでいるのである。そして、それだけではとうてい満足できない人々が、ハイキングや登山にと出かけてゆくわけなのである。

自然への郷愁。それはとりもなおさず、神の姿への憧れなのである。自然の一部であり、神の姿の分れである人間が、物質文明の急速調の進展にひきずられて、いつの間にか、人間の本質、神のみ心からはずれてしまって、物質面の幸福追求だけに浮身をやつしだしてしまったのは、地上天国顕現の日までの過渡的現象とはいえあまり感心したことではない。

だが、今日ではすでに物質文明の進展が、核兵器による最大の破壊という、大きな壁に突きあたってしまって、人間の心に自然の憧憬と人間以外のものからの救いの手出現への期待という、物質にあらざるものを求める心が強く動きはじめてきている。それがたとえ、どのような形による現われであり、その求め方に低い高いの差があろうとも、それはどちらも、窮極の目標は、神との一体化に違いないのである。

口には神仏という言葉をつかわなくとも、人間に自然を慕う気持のある限り、その人々の心には神を求める気持が起っていることは間違いのないことである。

唯物論といい唯神論といい、その表現の違いこそあれ、人間がなにかを求めて動いているその心の底には必ず、人間の本質のもつ自由自在性、つまり神の心を自己のものにしたいという願望がかくされているのである。

そしてその端的な心の現われが、自然への憧憬となってゆくのである。

あら尊と青葉若葉の陽の光

の心こそ神と人間との一体化が実現される基本の心である。そして、その一本化を誰でもが日常生活そのままで、容易なわざとして、いつのまにか実現してゆき得る道が世界平和の祈りの道なのである。

神ということ

日本人の中には、神という言葉を極度に嫌《きら》ったり、馬鹿にしたりする人たちがいる。この人たちは一体、神という言葉自体を嫌うのか、肉体人間以外の智慧や力や能力を無視しようとしているのか、どちらなのであろう？　喰わず嫌いという言葉があるが、この人たちは喰っていながら嫌っているという感じなのである。

何故かというと、神という言葉自体を嫌おうと、肉体人間以外の智慧や力や能力を否定しようと、事実は肉体人間以外の力によって養われていることは、誰でも知っていることである。

人間生存に無くてはならぬ空気でも水でも土地でも、一体誰がこれを創り出したのかということである。そういえば、この宇宙には、人間を生かしている数えきれぬほどの、各種の要素がある。

太陽や月も勿論だが、酸素や水素や炭素や窒素やカルシウム、ナトリウム、マグネシウムや燐やその他種々の元素がそれである。こういう元素を、それは私の智恵によってできたのだ、というほどの馬鹿が人間の中にいるだろうか？

こういうどうにもならない事実を日常茶飯事にみせつけられていても、まだ肉体人間以外の智慧能力を否定しようとするなら、その人たちは底の知れない馬鹿者たちである、というより仕方がない。

それよりもっと根本的ないい方をすれば、私たちを生かしているというより、私たちそのものである生命というもの自体が、肉体人間誕生以前から存在しているのだし、生命のない人間など考えられもしないのだ。そうした根本的な智慧や力や能力を、人々は神と呼んでいるのである。

だから神を嫌おうと、神の存在を否定しようと、人間は誰もが、神の子であり、神の生命の分《わ》け命《いのち》なのである。神は大宇宙そのものであり、大生命《だいせいめい》であり、大自然でもある。

しかし、どうしても神という言葉にひっかかる人は、大生命に対して感謝してもよい。大自然に対しての感謝でもよい。それができなかったら、太陽に対してでも、空気に対してでも、水に対してでもよい。それもできなかったら、自分の体のどの部分にでもよい。眼がみえていてよかった、耳が聞えてよかった、手足が働いてくれてよかった、考えられる頭をもっていてよかった、等々、どこかに感謝する気持を持つことによって、いささかなりとも、神とのつながりを得ていることができるのである。

誰にもなんにも感謝のできない人は、生きながらの死骸である。しかし、神々はそういう人々まで救おうとして、世界平和の祈りによる大光明波動を地球界に放射しつづけているのである。この地球界が一日も早く、感謝の心と感謝の心とで融《と》け合えるような、そういうものになるよう私たちは祈りつづけなければいられないのである。

参考資料

■ 世界平和の祈り

世界人類が平和でありますように

日本が平和でありますように

私達《わたくしたち》の天命が完《まっと》うされますように

守護霊様ありがとうございます

守護神様ありがとうございます

■人間と真実の生き方

人間は本来、神の分霊《わけみたま》であって、業生《ごうしょう》ではなく、つねに守護霊《しゅごれい》、守護神《しゅごじん》によって守られているものである。

この世のなかのすべての苦悩は、人間の過去世《かこせ》から現在にいたる誤てる想念が、その運命と現われて消えてゆく時に起る姿である。

いかなる苦悩といえど現われれば必ず消えるものであるから、消え去るのであるという強い信念と、今からよくなるのであるという善念を起し、どんな困難のなかにあっても、自分を赦《ゆる》し人を赦し、自分を愛し人を愛す、愛と真《まこと》と赦しの言行をなしつづけてゆくとともに、守護霊、守護神への感謝の心をつねに想い、世界平和の祈りを祈りつづけてゆけば、個人も人類も真《しん》の救いを体得出来るものである。

光明思想の言葉

光明思想の言葉には、次のような言葉があります

無限なる愛
無限なる調和
無限なる平和
無限なる光
無限なる力
無限なる叡智
無限なる生命《いのち》

無限なる幸福
無限なる繁栄
無限なる富
無限なる供給
無限なる成功
無限なる能力
無限なる可能性

無限なる健康
無限なる快活
無限なる癒《いや》し
無限なる新鮮
無限なるさわやか
無限なる活力
無限なる希望

無限なる自由
無限なる創造
無限なるひろがり
無限なる大きさ
無限なる発展
無限なるエネルギー
無限なる感謝

無限なる喜び
無限なる美
無限なる若さ
無限なる善
無限なるまこと
無限なる清らか
無限なる正しさ

無限なる勝利
無限なる勇気
無限なる進歩
無限なる向上
無限なる強さ
無限なる直観
無限なる無邪気

無限なる赦《ゆる》し
無限なる栄光
無限なる気高さ
無限なる威厳
無限なる恵み
無限なる輝き
無限なる包容力

初出本一覧

初出本

春

・神秘の世界への感謝行……【神への郷愁】
・春に寄せて……【心はいつも青空】
・春に想う……【心はいつも青空】
・花の心……【神への郷愁】
・小さな幸福感を超えよう……【神への郷愁】

夏

・青葉若葉の候……【行雲流水】
・人間の責任……【心はいつも青空】
・人類進化のために……【失望のない人生】
・たそがれから……【心はいつも青空】
・つつじの花……【行雲流水】
・松と毛虫……【失望のない人生】

秋

・秋風……【心はいつも青空】
・無心の美……【神への郷愁】
・人間の自由と天変地異……【失望のない人生】
・台風によせて……【失望のない人生】

冬

・冬の鯉……【失望のない人生】
・人間の誕生……【心はいつも青空】
・一歩一歩の歩みの中で……【失望のない人生】
・冬から春へ……【神への郷愁】
・青空の心……【失望のない人生】

美

・夕陽によせて……【神への郷愁】
・日の出日の入り……【失望のない人生】
・天地の恩……【神への郷愁】
・神への郷愁……【神への郷愁】
・神ということ……【神への郷愁】

五井昌久（ごいまさひさ）

大正5年東京に生まれる。昭和24年神我一体を経験し、覚者となる。白光真宏会を主宰、祈りによる世界平和運動を提唱して、国内国外に共鳴者多数。昭和55年8月帰神（逝去）する。著書に「神と人間」「天と地をつなぐ者」「小説阿難」「老子講義」「聖書講義」等多数。

発行所案内

白光（びゃっこう）とは純潔無礙なる澄み清まった光、人間の高い境地から発する光をいう。白光真宏会出版本部は、この白光を自己のものとして働く菩薩心そのものの人間を育てるための出版物を世に送ることをその使命としている。この使命達成の一助として月刊誌『白光』を発行している。

白光真宏会ホームページ　http://www.byakko.or.jp/
白光真宏会出版本部ホームページ　http://www.byakkopress.ne.jp/

自然　大生命の絵巻 1

2012年7月20日　初版
著　者／五井昌久
ブックデザイン／大久保肇
発行者／平本雅登
発行所／白光真宏会出版本部
〒418-0102　静岡県富士宮市人穴812-1
電話／0544-29-5109　　振替 00120-6-151348
白光真宏会出版本部東京出張所
〒101-0064　東京都千代田区猿楽町2-1-16　下平ビル401
電話／03-5283-5798　　FAX／03-5283-5799
印刷所／図書印刷株式会社

落丁・乱丁はお取り替えいたします。
定価はカバーに表示してあります。

ISBN978-4-89214-202-4 C0014

五井昌久の本

詩集　ひびき

定価　一四七〇円　〒290

宗教精神そのもので高らかにうたいあげた格調ある自由詩と短歌を収録。一読、心が洗われる。

歌集　冬の海

定価　一八九〇円　〒290

心を練って言葉を練れ、言葉を練って心を練れ、歌は心であると透徹した心がうたう世界平和、信仰、神、人生など三六三首の短歌を収める。

歌集　夜《よ》半《わ》の祈り

定価　一八九〇円　〒290

祈りによる世界平和運動を提唱した著者が、天地自然の美を最も単純化した表現で詠む。各歌の底にひびきわたる生命の本源のひびきが現代人の心に真の情緒を呼び覚ます。晩年に発表した作品を中心に三三〇首を収録。

句集　盆太鼓

定価　一〇二〇円　〒290

著者は晩年の昭和五十年より俳句をつくりはじめ、亡くなる昭和五十五年夏までに一四五句をつくった。著者ならではの味わい深い全作品を収録。

大決意

定価　一六八〇円　〒290

生きる姿勢を決める。これこそ決意中の一大決意。日々の心の姿勢が、知らぬ間に将来の自分を選び取っているのだ。平安で力強い日々の心を獲得するにはこうすれば良いと、無理のない具体的な指針を全編にわたって示す。

※定価は消費税5％込みです。

白光真宏会出版本部の本

五井昌久・西園寺昌美

世界のひな形――日本

定価　一六八〇円　〒290

一人一人の神性の目覚めが世界を救う鍵。「日本人の使命」と「世界を動かす神人の生き方」について詳説した充実の一冊。

西園寺昌美

日々の指針2

―宇宙とともに進化する

定価　一六八〇円　〒290

なぜ人類は、いまだ唯物的思想で生きているのであろうか？どうすれば人類は、調和と平和に満ちた、進化した文明を築きうるのであろうか？　既刊『日々の指針』から二十四年を経て、二十一世紀を生きる人類におくる至言集。

西園寺昌美

世界を変える言葉

定価　一三六五円　〒290

一人一人は瞬々刻々、世界に大きな影響を与えている―人々が何気なく口にする「言葉」の持つ力について明確に解説した書。

西園寺昌美

真理の法則

―新しい人生の始まり

定価　一六八〇円　〒290

人生のあらゆる不幸は、真理を知らない無知より起こっている。人は、真理の法則を知り、真理の道を歩みはじめると、それまでとは全く違った人生が創造されてゆく。希望にあふれた人生へと誘う好書。

西園寺由佳

真理ステップ

～白光真宏会の教え～

定価　一六八〇円　〒290

世界平和の祈り、消えてゆく姿、人間と真実の生き方、印、果因説……核心はそのままに進化する白光の教えを会長代理・西園寺由佳がやさしく紹介。

※定価は消費税5％込みです。